Impressum
Verlag: BABADADA GmbH, Nedderfeld 112 , 22529 Hamburg
Geschäftsführer / Verlagsleitung: Harald Hof
Druck: Books on Demand GmbH, In de Tarpen 42, 22848 Norderstedt

Imprint
Publisher: BABADADA GmbH, Nedderfeld 112 , 22529 Hamburg, Germany
Managing Director / Publishing direction: Harald Hof
Print: Books on Demand GmbH, In de Tarpen 42, 22848 Norderstedt, Germany

escuela

kool

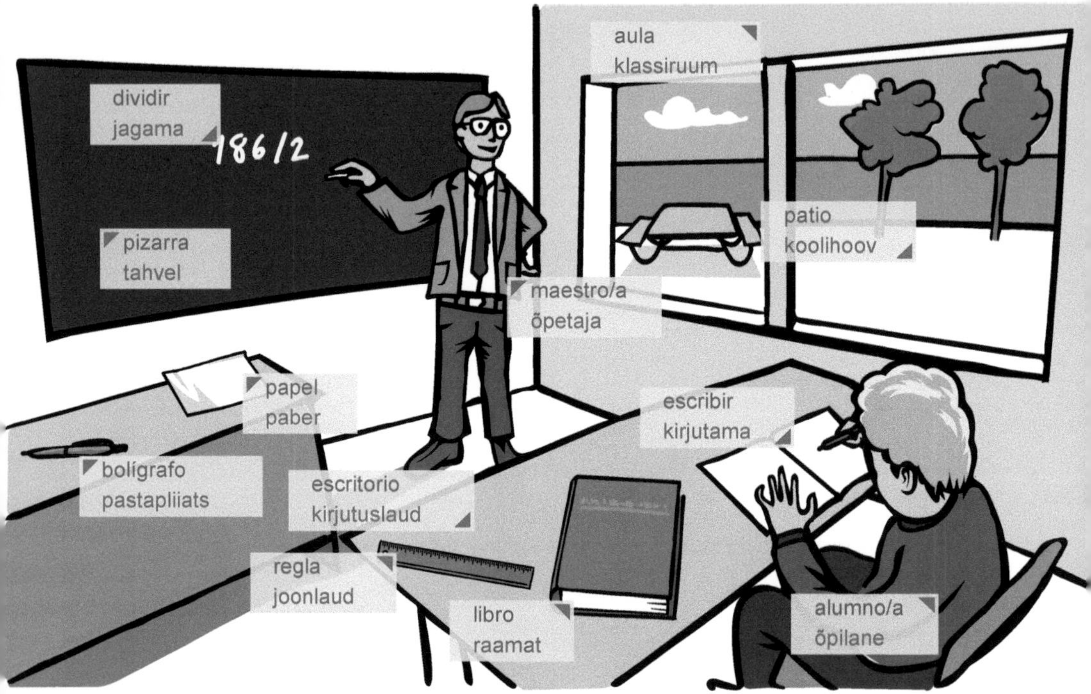

aula
klassiruum
dividir
jagama
186/2
patio
koolihoov
pizarra
tahvel
maestro/a
õpetaja
papel
paber
escribir
kirjutama
bolígrafo
pastapliiats
escritorio
kirjutuslaud
regla
joonlaud
libro
raamat
alumno/a
õpilane

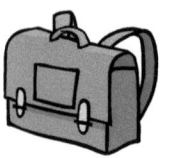

cartera

koolikott

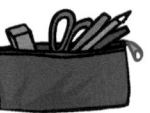

caja de lápices

pinal

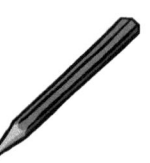

lápiz

harilik pliiats

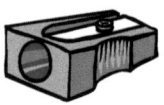

sacapuntas

pliiatsiteritaja

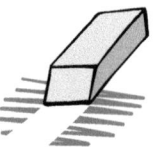

goma de borrar

kustukumm

cuaderno de dibujo

joonistusplokk

dibujo
joonistus

pincel
pintsel

caja de pinturas
värvikarp

tijeras
käärid

pegamento
liim

cuaderno de ejercicios
töövihik

deberes
kodutöö

12

número
number

2+2

sumar
liitma

5-2

restar
lahutama

2×2

multiplicar
korrutama

calcular
arvutama

A

letra
täht

ABCDEFG
HIJKLMN
OPQRSTU
VWXYZ

alfabeto
tähestik

hello

palabra
sõna

texto

tekst

leer

lugema

tiza

kriit

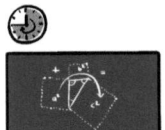

lección

koolitund

cuaderno de notas

klassipäevik

examen

eksam

certificado

tunnistus

uniforme escolar

koolivorm

educación

haridus

enciclopedia

entsüklopeedia

universidad

ülikool

microscopio

mikroskoop

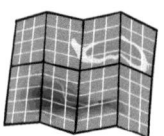

mapa

kaart

papelera

paberikorv

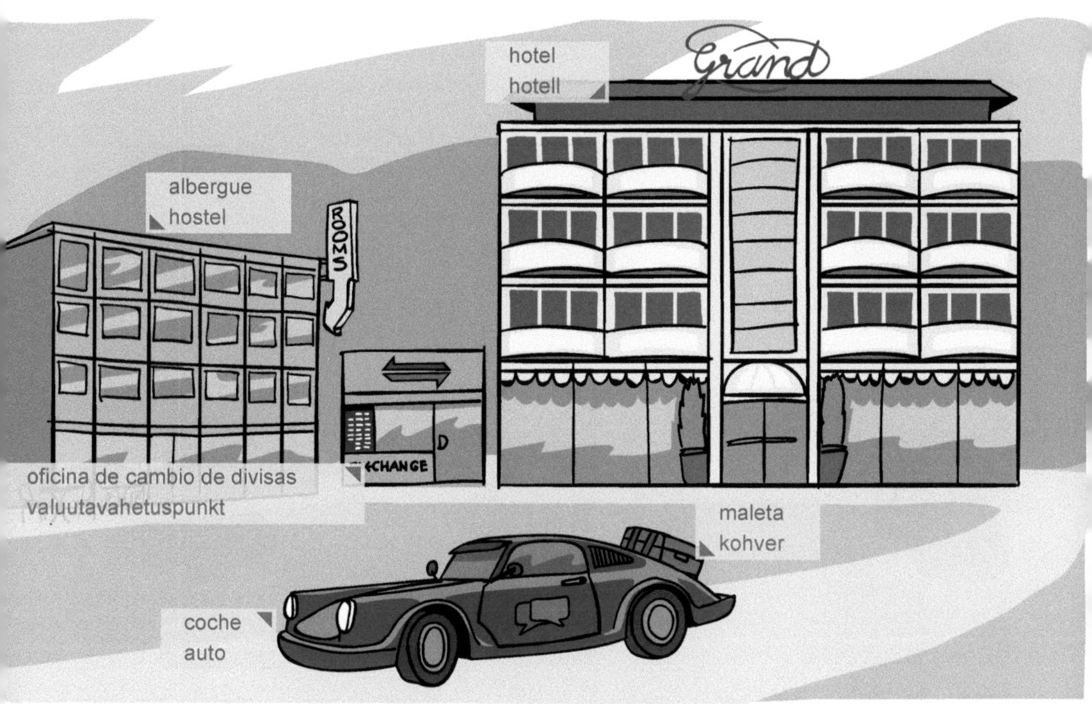

hotel
hotell
Grand
albergue
hostel
ROOMS
EXCHANGE
oficina de cambio de divisas
valuutavahetuspunkt
maleta
kohver
coche
auto

idioma

keel

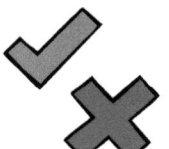

sí / no

jah / ei

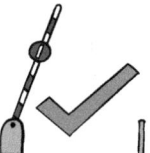

Vale

okei

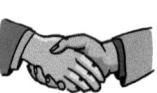

hola

Tere!

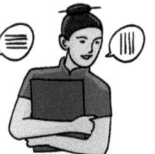

traductor

tõlk

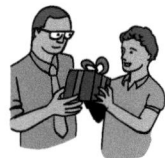

Gracias

Aitäh!

¿cuánto es...?

Kui palju maksab ...?

No entiendo

Ma ei saa aru

problema

probleem

¡Buenas tardes!

Tere õhtust!

¡Buenos días!

Tere hommikust!

¡Buenas noches!

Head ööd!

adiós

Head aega!

dirección

suund

equipaje

pagas

bolsa

kott

mochila

seljakott

invitado

külaline

habitación

tuba

saco de dormir

magamiskott

tienda de campaña

telk

información turística

turismiinfo

playa

rand

tarjeta de crédito

krediitkaart

desayuno

hommikusöök

almuerzo

lõunasöök

cena

õhtusöök

billete

pilet

ascensor

lift

sello

postmark

frontera

riigipiir

aduana

toll

embajada

saatkond

visa

viisa

pasaporte

pass

transporte

transport

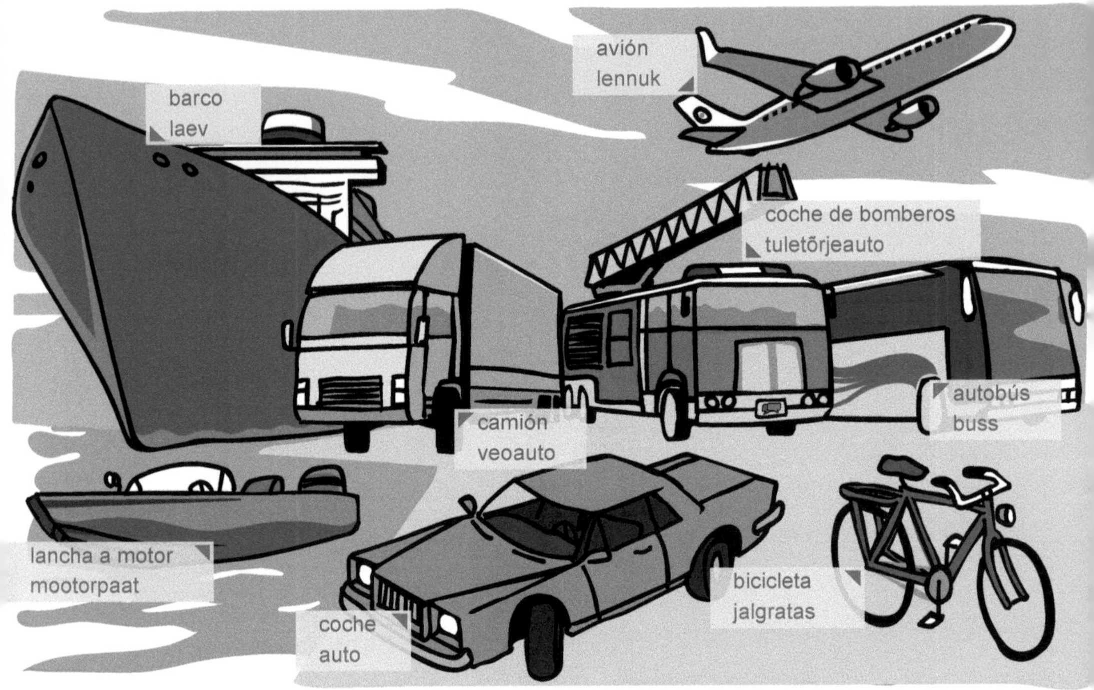

avión
lennuk
barco
laev
coche de bomberos
tuletõrjeauto
autobús
buss
camión
veoauto
lancha a motor
mootorpaat
bicicleta
jalgratas
coche
auto

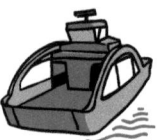

transbordador

praam

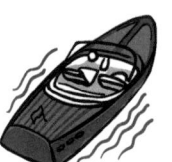

barca

paat

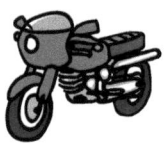

moto

mootorratas

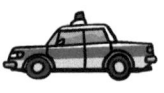

coche de policía

politseiauto

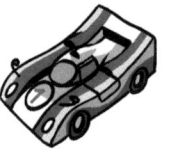

coche de carreras

võidusõiduauto

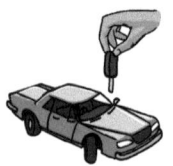

coche de alquiler

rendiauto

préstamo de vehículos

ühisauto

grúa

puksiirauto

camión de la basura

prügiauto

motor

mootor

gasolina

kütus

gasolinera

tankla

señal de tráfico

liiklusmärk

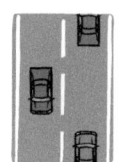

tráfico

liiklus

atasco

liiklusummik

aparcamiento

parkla

estación de tren

raudteejaam

vías

rööpad

tren

rong

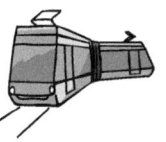

tranvía

tramm

vagón

vagun

helicóptero

helikopter

aeropuerto

lennujaam

torre

torn

pasajero

reisija

contenedor

konteiner

caja de cartón

pappkast

carretilla

käru

cesta

korv

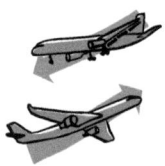

despegar / aterrizar

õhku tõusma / maanduma

ciudad

linn

pueblo

küla

centro de ciudad

kesklinn

casa

maja

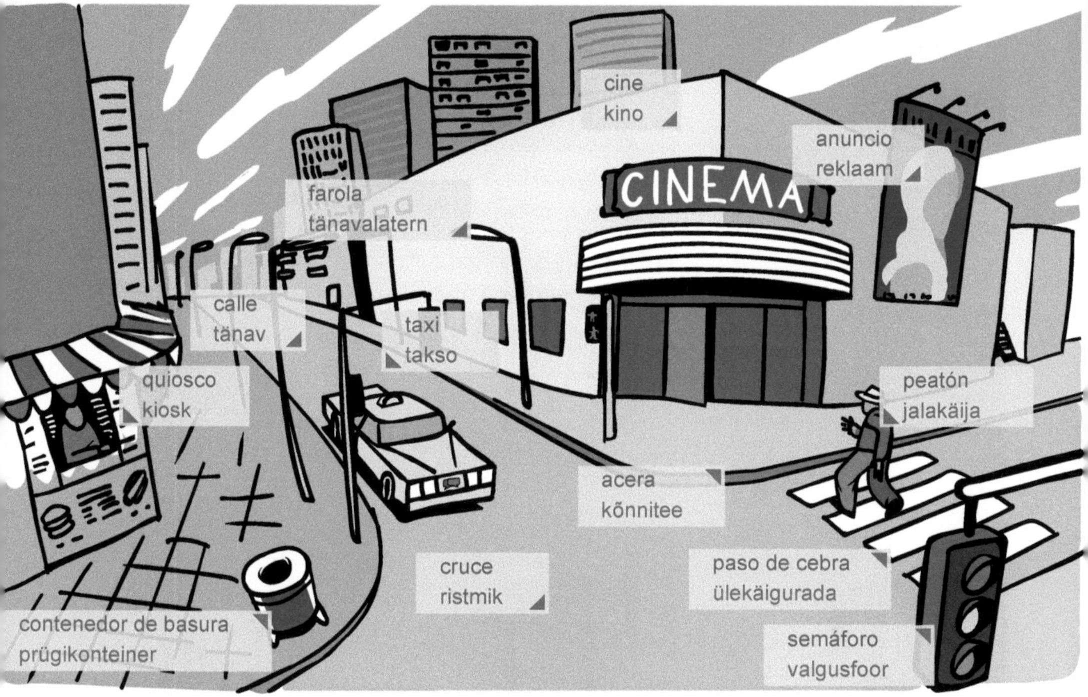
cine
kino
anuncio
reklaam
CINEMA
farola
tänavalatern
calle
tänav
taxi
takso
quiosco
kiosk
peatón
jalakäija
acera
kõnnitee
cruce
ristmik
paso de cebra
ülekäigurada
contenedor de basura
prügikonteiner
semáforo
valgusfoor

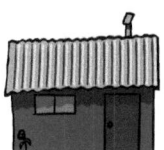

cabaña

osmik

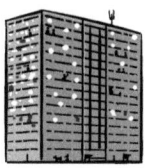

apartamento

kortermaja

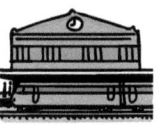

estación de tren

raudteejaam

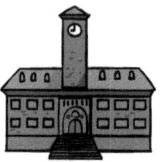

ayuntamiento

raekoda

MUSEUM

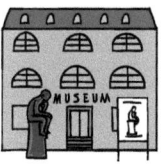

museo

muuseum

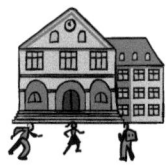

escuela

kool

universidad

ülikool

banco

pank

hospital

haigla

hotel

hotell

farmacia

apteek

oficina

kontor

librería

raamatupood

tienda

kauplus

floristería

lillepood

supermercado

supermarket

mercado

turg

grandes almacenes

kaubamaja

pescadería

kalapood

centro comercial

kaubanduskeskus

puerto

sadam

parque
park

banco
pink

puente
sild

escaleras
trepp

metro
metroo

túnel
tunnel

parada de autobús
bussipeatus

bar
baar

restaurante
restoran

buzón
postkast

poste indicador
tänavasilt

parquímetro
parkimisautomaat

zoo
loomaaed

piscina
ujula

mezquita
mošee

granja

talu

contaminación

reostus

cementerio

surnuaed

iglesia

kirik

patio de juego

mänguväljak

templo

tempel

paisaje
maastik

hoja
leht

señal
teeviit

camino
tee

prado
aas

piedra
kivi

excursionista
matkaja

árbol
puu

río
jõgi

hierba
rohi

flor
lill

valle
org

colina
mägi

lago
järv

bosque
mets

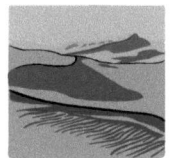

desierto
kõrb

volcán
vulkaan

castillo
linnus

arcoíris
vikerkaar

champiñón
seen

palmera
palm

mosquito
sääsk

mosca
kärbes

hormiga
sipelgas

abeja
mesilane

araña
ämblik

escarabajo
mardikas

rana
konn

ardilla
orav

erizo
siil

liebre
jänes

lechuza
öökull

pájaro
lind

cisne
luik

jabalí
metssiga

ciervo
hirv

alce
põder

presa
pais

turbina eólica
tuuleturbiin

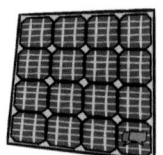

panel solar
päikesepaneel

clima
kliima

restaurante

restoran

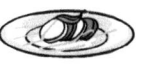

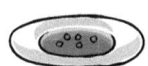

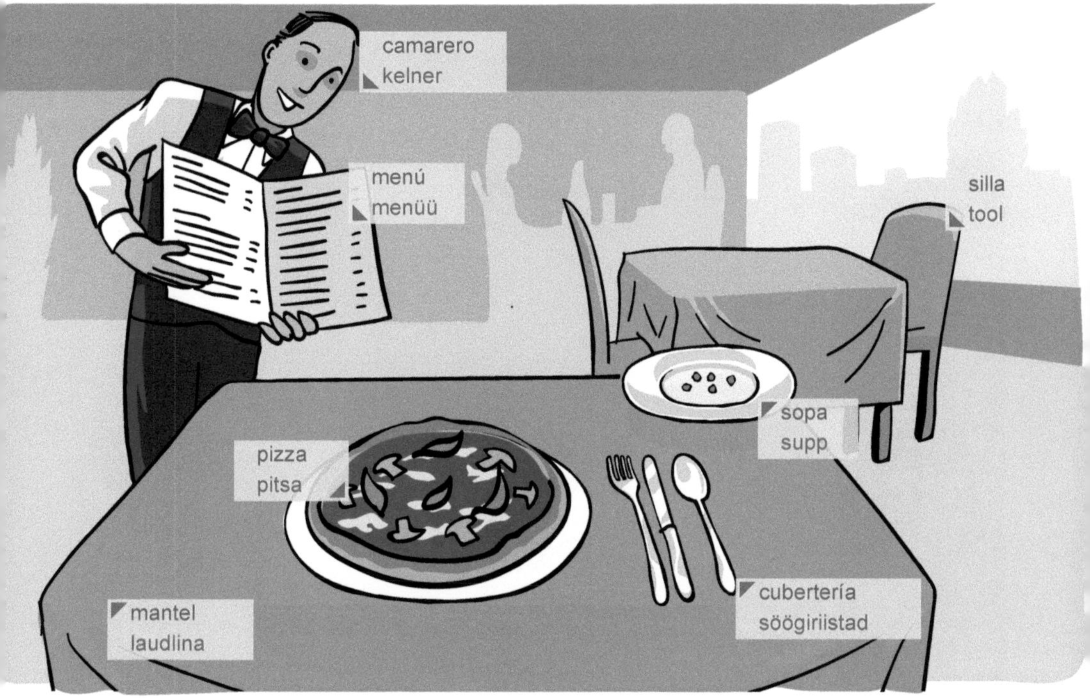
camarero
kelner
menú
menüü
silla
tool
sopa
supp
pizza
pitsa
cubertería
söögiriistad
mantel
laudlina

primer plato

eelroog

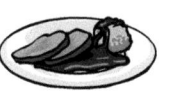

plato principal

pearoog

postre

magustoit

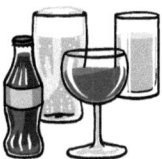

bebidas

joogid

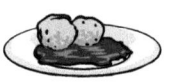

comida

toit

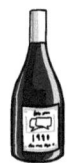

botella

pudel

comida rápida

kiirtoit

comida callejera

tänavatoit

tetera

teekann

azucarero

suhkrutoos

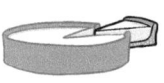

porción

portsjon

cafetera expreso

espressomasin

trona

lastetool

cuenta

arve

bandeja

kandik

cuchillo

nuga

tenedor

kahvel

cuchara

lusikas

cucharilla

teelusikas

servilleta

salvrätik

vaso

klaas

plato

taldrik

plato hondo

supitaldrik

platillo

alustass

salsa

kaste

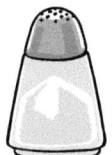

salero

soolatoos

molinillo de pimienta

pipraveski

vinagre

äädikas

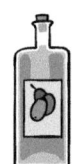

aceite

õli

especias

vürtsid

ketchup

ketšup

mostaza

sinep

mayonesa

majonees

supermercado
supermarket

oferta especial
eripakkumine
FOR
cliente
klient
lácteos
piimatooted
fruta
puuviljad
carro de la compra
ostukäru

BUTCHERS

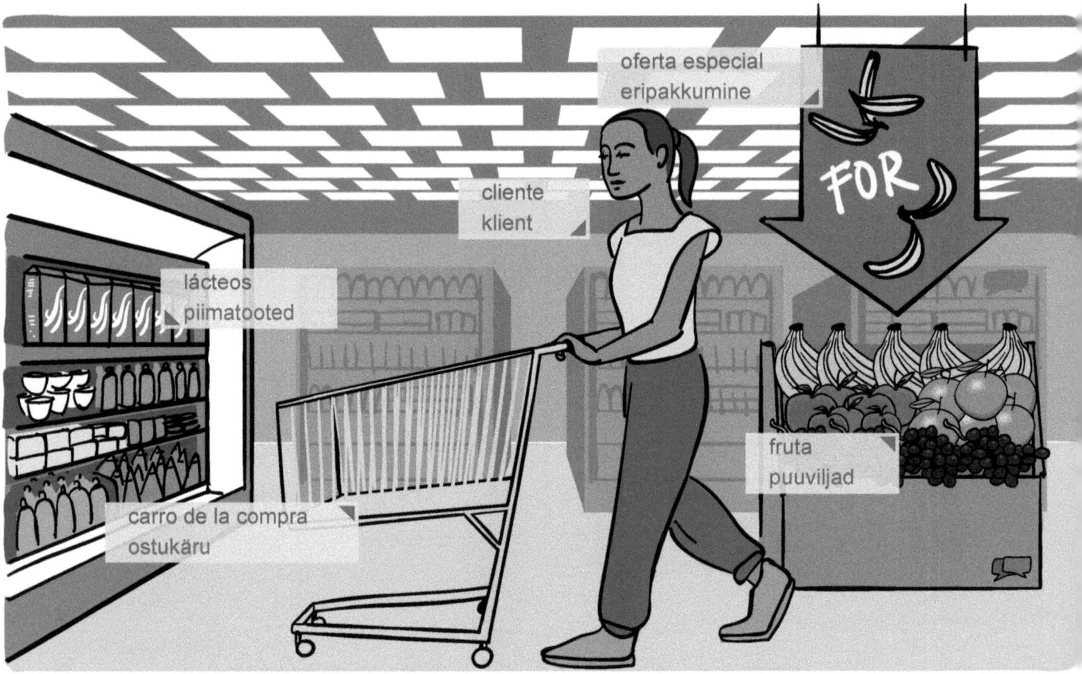

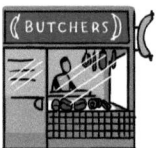

carnicería

lihapood

BAKERY

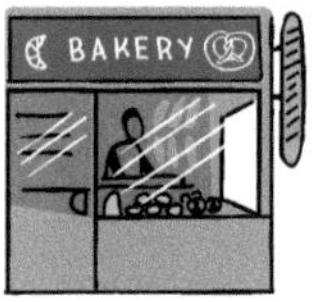

panadería

pagariäri

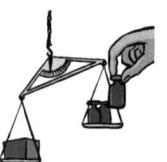

pesar

kaaluma

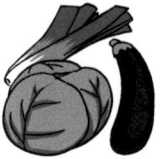

verduras

köögiviljad

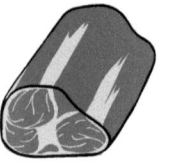

carne

liha

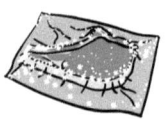

alimentos congelados

külmutatud toit

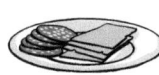

fiambres

lihalõigud

conservas

konservid

detergente en polvo

pesupulber

dulces

maiustused

productos de uso doméstico

majatarbed

productos de limpieza

puhastustooted

vendedora

müüja

caja

kassaaparaat

cajero

kassapidaja

lista de la compra

ostunimekiri

horario de atención al público

lahtiolekuajad

cartera

rahakott

tarjeta de crédito

krediitkaart

bolsa

kott

bolsa de plástico

kilekott

agua

vesi

zumo

mahl

leche

piim

cola

koola

vino

vein

cerveza

õlu

alcohol

alkohol

cacao

kakao

té

tee

café

kohv

expreso

espresso

capuchino

cappuccino

plátano

banaan

manzana

õun

naranja

apelsin

melón

arbuus

limón

sidrun

zanahoria

porgand

ajo

küüslauk

bambú

bambus

cebolla

sibul

champiñón

seen

avellanas

pähklid

fideos

nuudlid

espagueti

spagetid

arroz

riis

ensalada

salat

patatas fritas

friikartulid

patatas fritas

praekartulid

pizza

pitsa

hamburguesa

hamburger

sándwich

võileib

filete

šnitsel

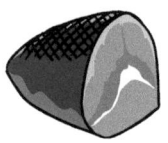

jamón

sink

salami

salaami

salchicha

vorst

pollo

kana

asado

praeliha

pescado

kala

copos de avena

kaerahelbed

muesli

müsli

copos de maíz

maisihelbed

harina

jahu

cruasán

sarvesai

panecillo

kukkel

pan

leib

tostada

röstsai

galletas

küpsised

mantequilla

või

cuajada

kohupiim

pastel

kook

huevo

muna

huevo frito

praemuna

queso

juust

helado

jäätis

azúcar

suhkur

miel

mesi

mermelada

moos

crema de turrón

pähklivõie

curry

karri

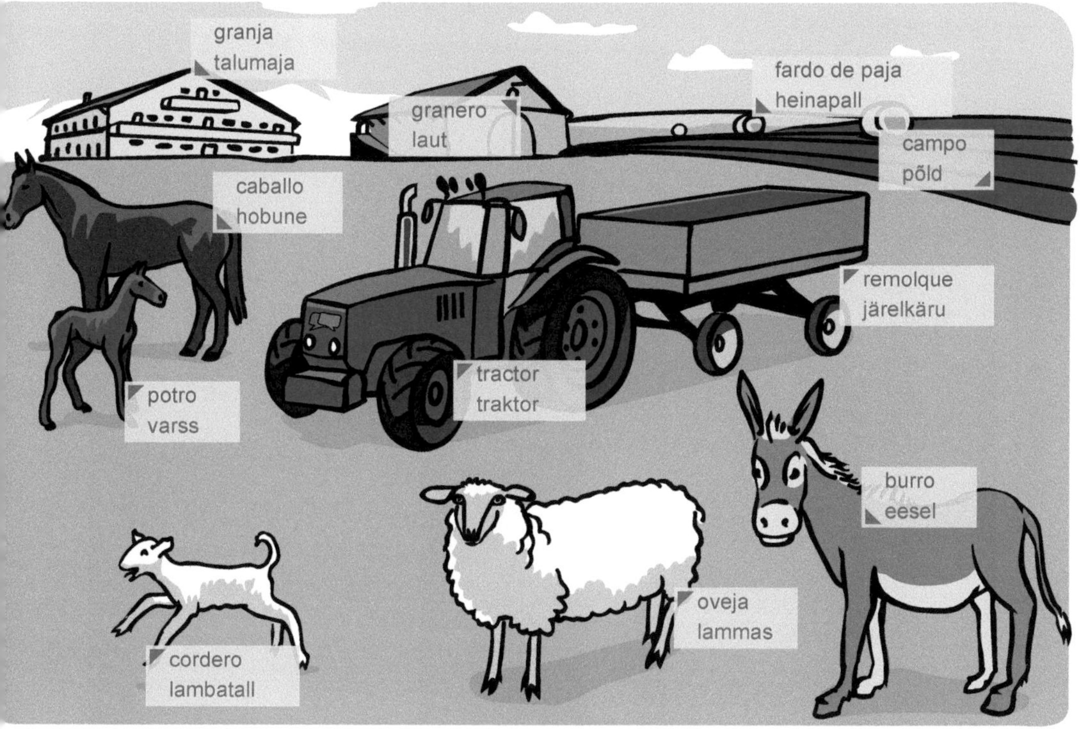

granja
talumaja

fardo de paja
heinapall

granero
laut

campo
põld

caballo
hobune

remolque
järelkäru

potro
varss

tractor
traktor

burro
eesel

cordero
lambatall

oveja
lammas

cabra
kits

vaca
lehm

ternero
vasikas

cerdo
siga

cerdito
põrsas

toro
pull

ganso

hani

pato

part

pollo

tibu

gallina

kana

gallo

kukk

rata

rott

gato

kass

ratón

hiir

buey

härg

perro

koer

perrera

koerakuut

manguera

aiavoolik

regadera

kastekann

guadaña

vikat

arado

ader

hoz

sirp

azada

kõblas

horca

hang

hacha

kirves

carretilla

käru

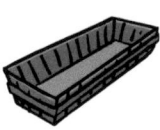

abrevadero

küna

lechera

piimanõu

saco

kott

valla

tara

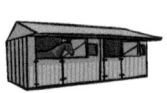

establo

tall

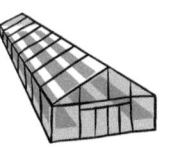

invernadero

kasvuhoone

suelo

muld

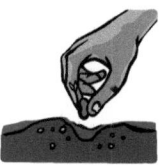

semilla

seeme

fertilizador

väetis

cosechadora

kombain

cosechar

saaki koristama

cosecha

saagikoristus

ñame

jamss

trigo

nisu

soja

soja

patata

kartul

maíz

mais

semilla de colza

raps

árbol frutal

viljapuu

mandioca

maniokk

cereales

teravili

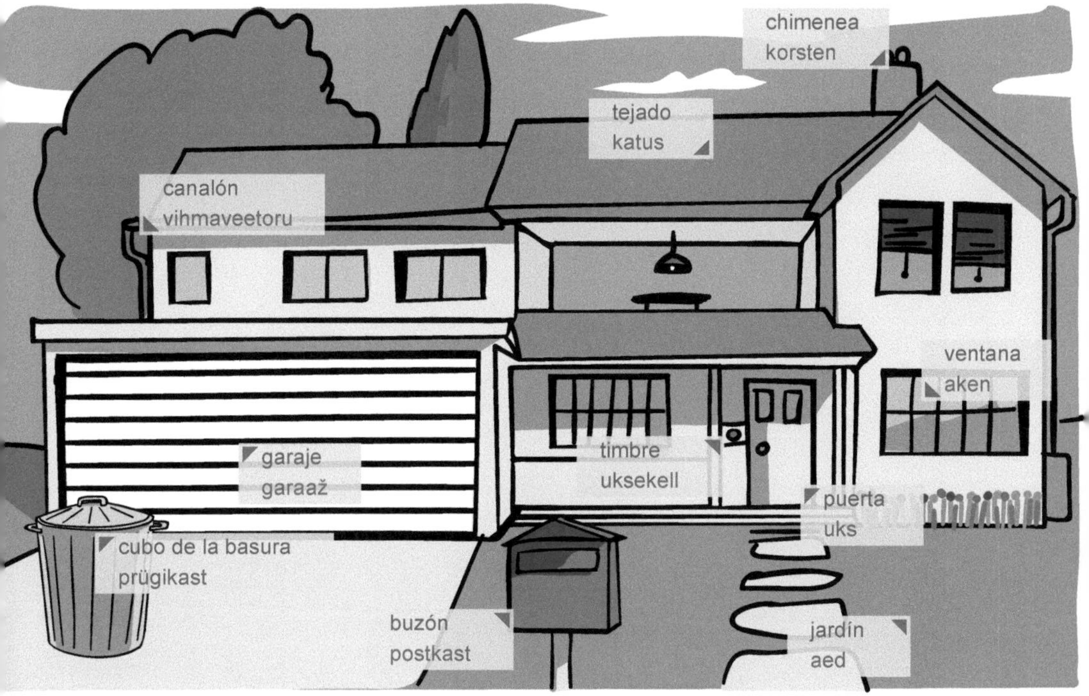

chimenea
korsten

tejado
katus

canalón
vihmaveetoru

ventana
aken

garaje
garaaž

timbre
uksekell

puerta
uks

cubo de la basura
prügikast

buzón
postkast

jardín
aed

sala
....
elutuba

cuarto de baño
....
vannituba

cocina
....
köök

dormitorio
....
magamistuba

habitación de los niños
....
lastetuba

comedor
....
söögituba

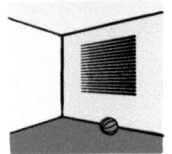

suelo

põrand

pared

sein

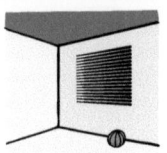

techo

lagi

sótano

kelder

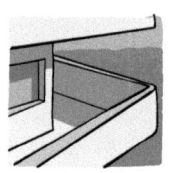

sauna

saun

balcón

rõdu

terraza

terrass

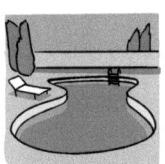

piscina

bassein

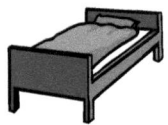

cortacésped

muruniiduk

sábana

voodilina

colcha

päevatekk

cama

voodi

escoba

luud

balde

ämber

interruptor

lüliti

sala

elutuba

papel pintado
tapeet
imagen
pilt
lámpara
lamp
estante
riiul
armario
kapp
televisión
televiisor
chimenea
kamin
flor
lill
cojín
padi
sofá
diivan
jarrón
vaas
mando a distancia
kaugjuhtimispult

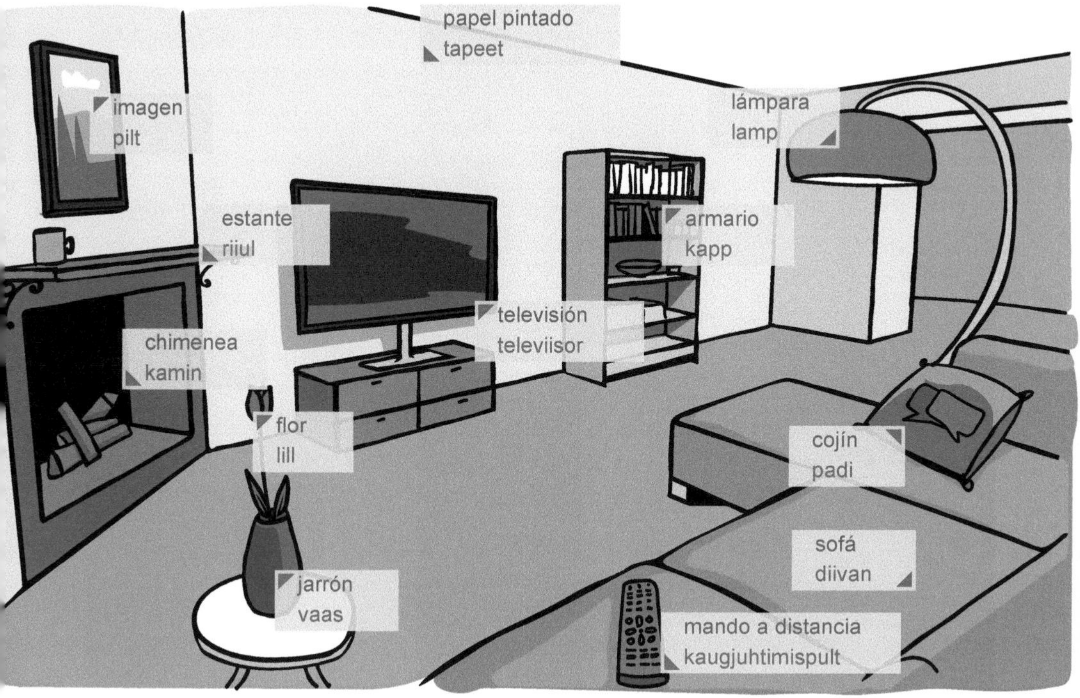

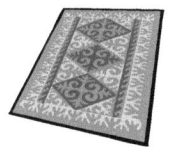

alfombra
vaip

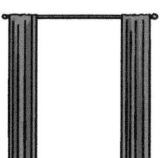

cortina
kardin

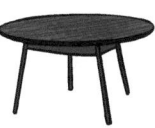

mesa
laud

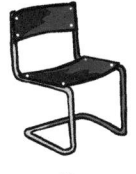

silla
tool

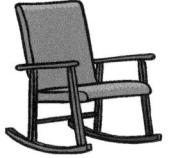

mecedora
kiiktool

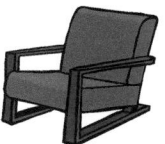

butaca
tugitool

libro

raamat

manta

tekk

decoración

kaunistus

leña

küttepuud

película

film

equipo de música

helisüsteem

llave

võti

periódico

ajaleht

pintura

maal

póster

plakat

radio

raadio

cuaderno

märkmik

aspiradora

tolmuimeja

cactus

kaktus

vela

küünal

cocina
köök

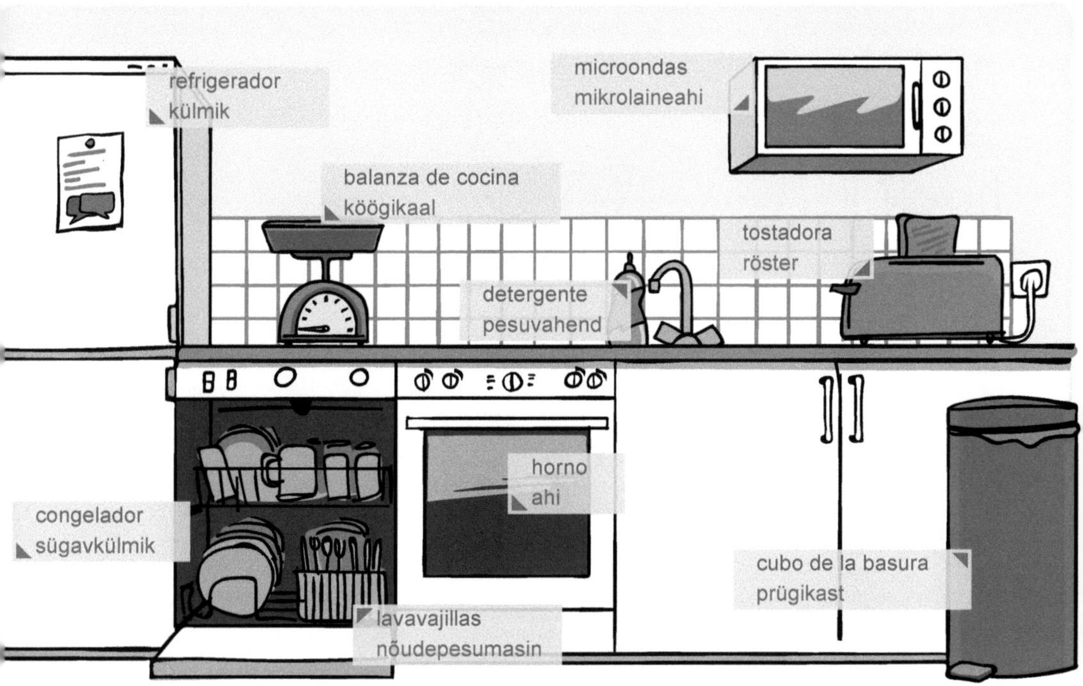

refrigerador
külmik
microondas
mikrolaineahi
balanza de cocina
köögikaal
tostadora
röster
detergente
pesuvahend
horno
ahi
congelador
sügavkülmik
cubo de la basura
prügikast
lavavajillas
nõudepesumasin

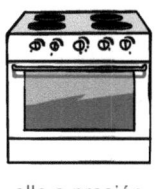

olla a presión

pliit

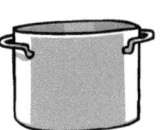

olla

pott

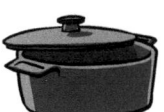

olla de hierro fundido

malmpott

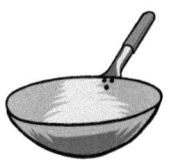

wok / karahi

vokkpann

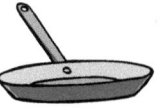

cazuela

pann

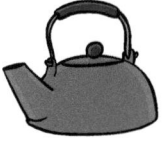

hervidor

veekeetja

vaporera

aurutaja

chapa de horno

küpsetusplaat

vajilla

lauanõud

taza

kruus

tazón

kauss

palillos

söögipulgad

cucharón

kulp

espumadera

pannilabidas

batidor

vispel

colador

kurn

cedazo

sõel

rallador

riiv

mortero

uhmer

barbacoa

grill

hoguera

lahtine tuli

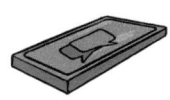

tabla de picar

lõikelaud

rodillo

tainarull

sacacorchos

korgitser

lata

konservipurk

abrelatas

konserviavaja

agarrador

pajakinnas

lavabo

kraanikauss

cepillo

hari

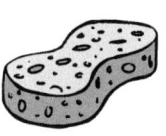

esponja

pesukäsn

batidora

kannmikser

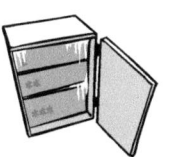

congelador

sügavkülmuti

biberón

lutipudel

grifo

segisti

cuarto de baño
vannituba

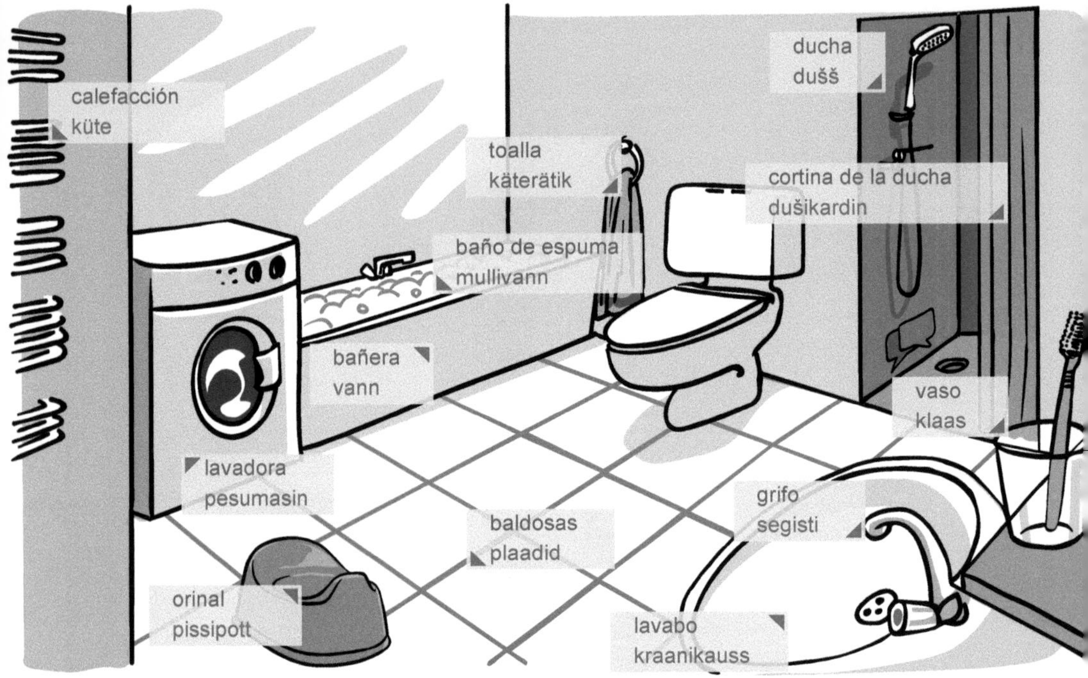

calefacción
küte
toalla
käterätik
ducha
dušš
cortina de la ducha
dušikardin
baño de espuma
mullivann
bañera
vann
vaso
klaas
lavadora
pesumasin
grifo
segisti
baldosas
plaadid
orinal
pissipott
lavabo
kraanikauss

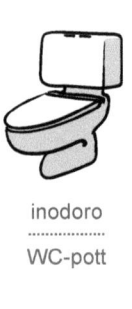

inodoro

WC-pott

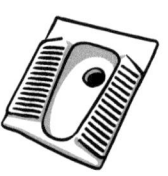

inodoro rústico

kükitamistualett

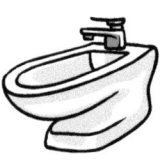

bidé

bidee

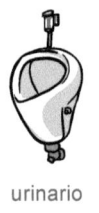

urinario

pissuaar

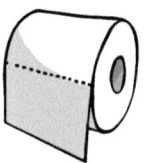

papel higiénico

tualettpaber

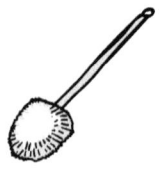

escobilla del váter

WC-hari

cepillo de dientes

hambahari

pasta de dientes

hambapasta

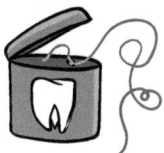

hilo dental

hambaniit

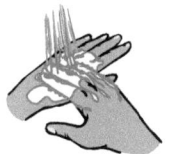

lavar

pesema

ducha de mano

käsidušš

ducha íntima

intiimdušš

pila

pesukauss

cepillo de espalda

seljahari

jabón

seep

gel de ducha

dušigeel

champú

šampoon

toallita

vamm

desagüe

äravool

crema

kreem

desodorante

deodorant

espejo

peegel

espejo de tocador

käsipeegel

maquinilla de afeitar

habemenuga

espuma de afeitar

raseerimisvaht

loción postafeitado

habemevesi

peine

kamm

cepillo

hari

secador

föön

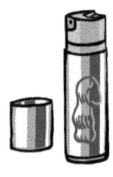

laca

juukselakk

maquillaje

meigikomplekt

pintalabios

huulepulk

pintauñas

küünelakk

algodón

vatt

cortauñas

küünekäärid

perfume

parfüüm

estuche de viaje

tualett-tarvete kott

banqueta

taburet

balanza

kaal

albornoz

hommikumantel

guantes de goma

kummikindad

tampón

tampoon

compresa

hügieeniside

inodoro químico

keemiline tualett

habitación de los niños

lastetuba

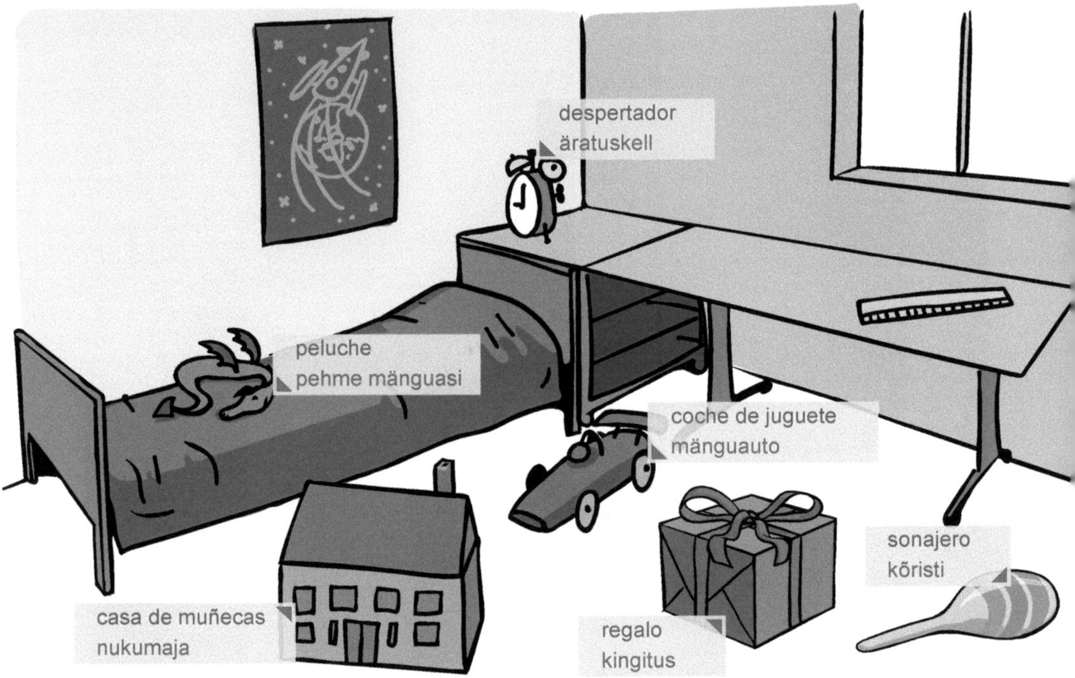

despertador
äratuskell
peluche
pehme mänguasi
coche de juguete
mänguauto
sonajero
kõristi
casa de muñecas
nukumaja
regalo
kingitus

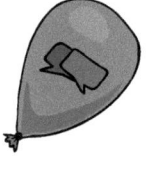

globo
õhupall

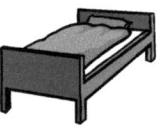

cama
voodi

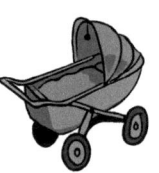

coche de niño
lapsevanker

naipes
kaardipakk

puzle
pusle

SUPER MEGA

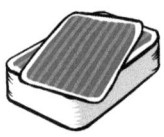

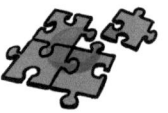

tebeo
koomiks

piezas de lego

Lego klotsid

bloques de juguete

klotsid

figura de acción

kujuke

bodi (de bebé)

siputuspüksid

frisbee

lendav taldrik

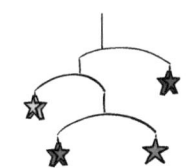

colgador móvil para bebés

voodikarussell

juego de mesa

lauamäng

dados

täringud

circuito de tren eléctrico

mudelrong

maniquí

lutt

fiesta

pidu

álbum de fotos

pildiraamat

pelota

pall

muñeca

nukk

jugar

mängima

cajón de arena

liivakast

columpio

kiik

juguetes

mänguasjad

videoconsola

mängukonsool

triciclo

kolmerattaline jalgratas

oso de peluche

mängukaru

guardarropa

riidekapp

ropa
riietus

calcetines

sokid

medias

sukad

leotardos

sukkpüksid

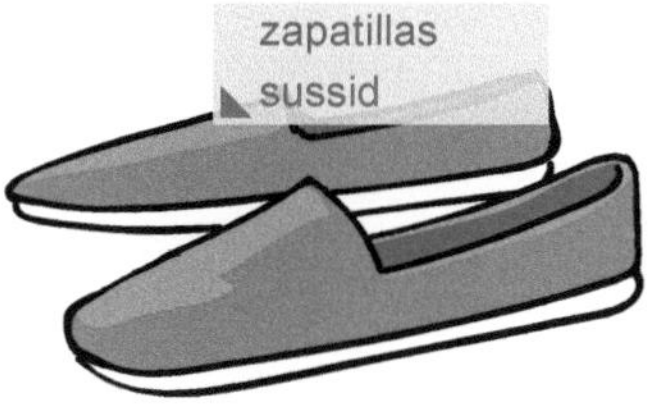

bufanda
sall

cinturón
vöö

paraguas
vihmavari

camiseta
T-särk

botas
saapad

zapatillas
sussid

deportivas
tossud

sandalias
....
sandaalid

zapatos
....
jalatsid

botas de goma
....
kummikud

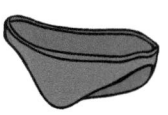
slip
....
aluspüksid

sostén
....
rinnahoidja

chaleco
....
vest

bodi
bodi

pantalones
püksid

vaqueros
teksapüksid

falda
seelik

blusa
pluus

camisa
särk

jersey
sviiter

suéter
dressipluus

blazer
bleiser

chaqueta
jakk

abrigo
mantel

gabardina
vihmamantel

traje
kostüüm

vestido
kleit

vestido de novia
pulmakleit

traje

ülikond

camisón

öösärk

pijama

pidžaama

sari

sari

bandana

pearätt

turbante

turban

burka

burka

caftán

kaftan

abaya

abayah

traje de baño

ujumistrikoo

bañador

ujumispüksid

pantalones cortos

lühikesed püksid

chándal

dressid

delantal

põll

guantes

kindad

botón

nööp

gafas

prillid

brazalete

käevõru

collar

kaelakee

anillo

sõrmus

pendiente

kõrvarõngas

gorra

nokamüts

percha

riidepuu

sombrero

kaabu

corbata

lips

cremallera

tõmblukk

casco

kiiver

tirantes

traksid

uniforme escolar

koolivorm

uniforme

vormirõivad

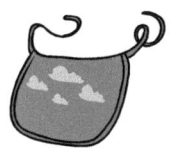

babero

pudipõll

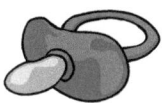

maniquí

lutt

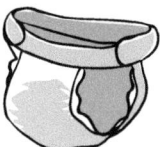

pañal

mähe

oficina

kontor

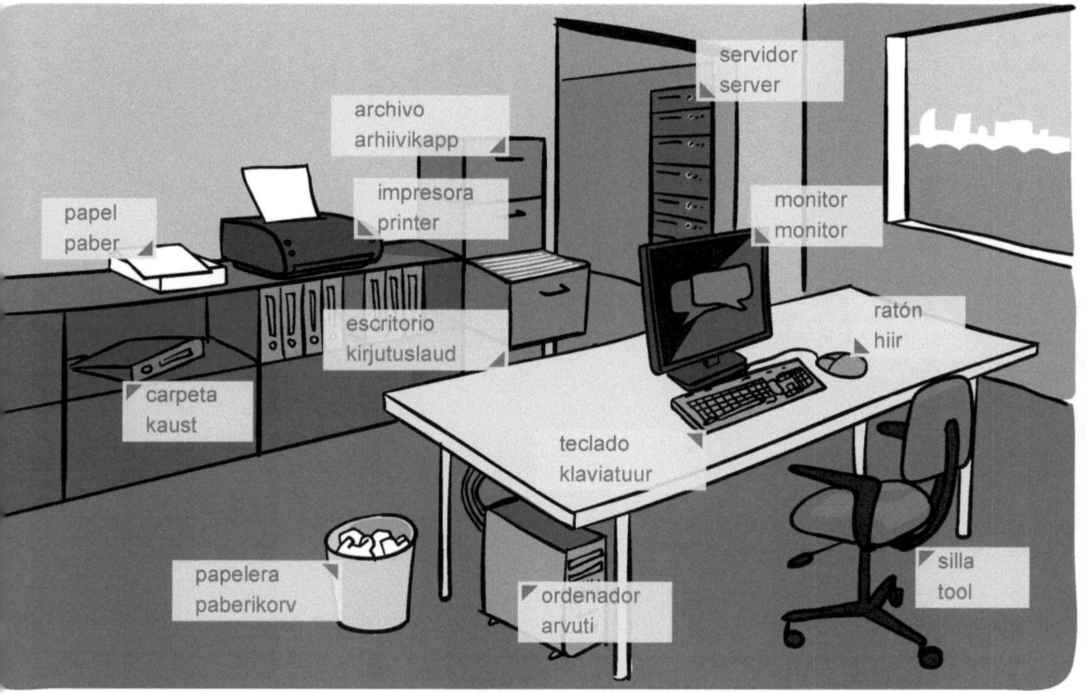
servidor
server
archivo
arhiivikapp
impresora
printer
papel
paber
monitor
monitor
ratón
hiir
escritorio
kirjutuslaud
carpeta
kaust
teclado
klaviatuur
papelera
paberikorv
ordenador
arvuti
silla
tool

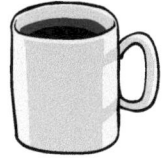

taza de café

kohvikruus

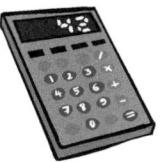

calculadora

kalkulaator

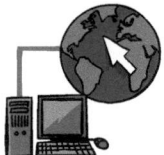

internet

internet

portátil

sülearvuti

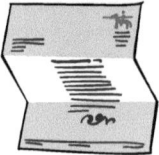

carta

kiri

mensaje

sõnum

móvil

mobiiltelefon

red

võrk

fotocopiadora

koopiamasin

software

tarkvara

teléfono

telefon

toma de corriente

pistikupesa

fax

faksimasin

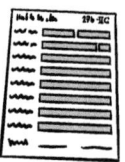

formulario

vorm

documento

dokument

comprar

ostma

pagar

maksma

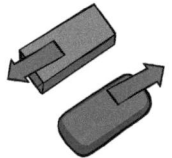

comerciar

vahetama

dinero

raha

dólar

dollar

euro

euro

yen

jeen

rublo

rubla

franco suizo

Šveitsi frank

renminbi yuan

renminbi jüaan

rupia

ruupia

cajero automático

sularahaautomaat

oficina de cambio de divisas

valuutavahetuspunkt

oro

kuld

plata

hõbe

petróleo

nafta

energía

energia

precio

hind

contrato

leping

impuesto

maks

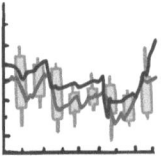

acción

aktsia

trabajar

töötama

empleado

töötaja

empleador

tööandja

fábrica

tehas

tienda

kauplus

economía - majandus

oficios
ametid

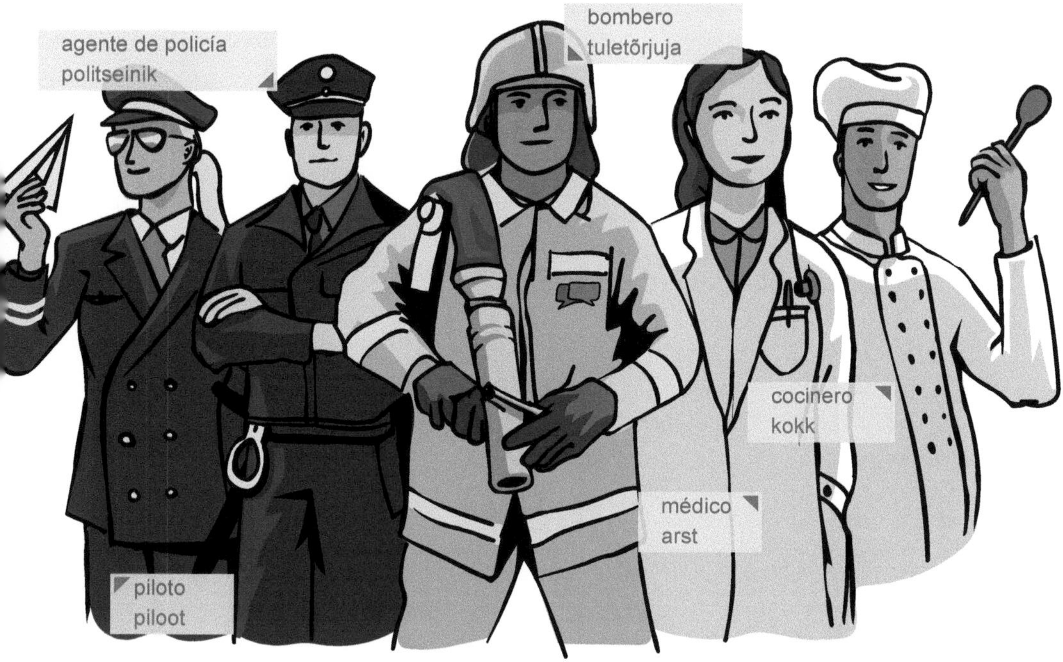
agente de policía
politseinik
bombero
tuletõrjuja
cocinero
kokk
médico
arst
piloto
piloot

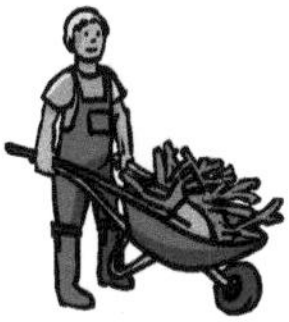

jardinero

aednik

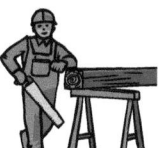

carpintero

puusepp

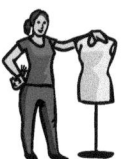

costurera

õmbleja

juez

kohtunik

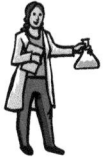

farmacéutico

keemik

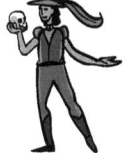

actor

näitleja

soldado

sõdur

arquitecto

arhitekt

cajero

kassapidaja

florista

lillemüüja

peluquero

juuksur

revisor

piletikontrolör

mecánico

mehaanik

capitán

kapten

dentista

hambaarst

científico

teadlane

rabino

rabi

imán

imaam

monje

munk

sacerdote

preester

herramientas
tööriistad

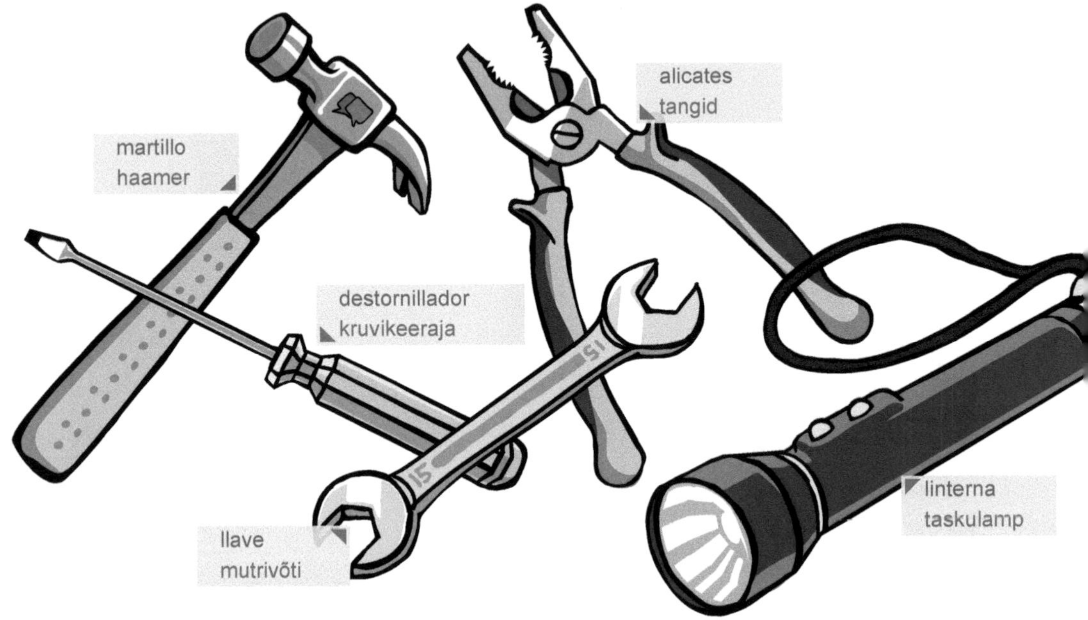
alicates
tangid
martillo
haamer
destornillador
kruvikeeraja
linterna
taskulamp
llave
mutrivõti

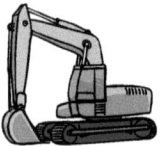

excavadora

ekskavaator

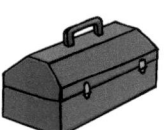

caja de herramientas

tööriistakast

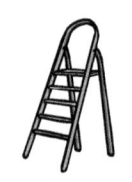

escalera de mano

redel

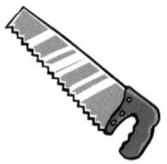

sierra

saag

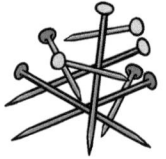

clavos

naelad

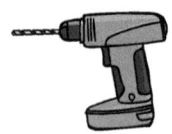

taladro

trell

reparar

parandama

pala

labidas

¡Maldita sea!

Põrgusse!

recogedor

kühvel

bote de pintura

värvipott

tornillos

kruvid

instrumentos musicales
pillid

altavoz
kõlar

batería
trummikomplekt

contrabajo
kontrabass

trompeta
trompet

guitarra
kitarr

piano

klaver

violín

viiul

bajo

bass

timbales

timpan

tambor

trummid

teclado

süntesaator

saxofón

saksofon

flauta

flööt

micrófono

mikrofon

zoo
loomaaed

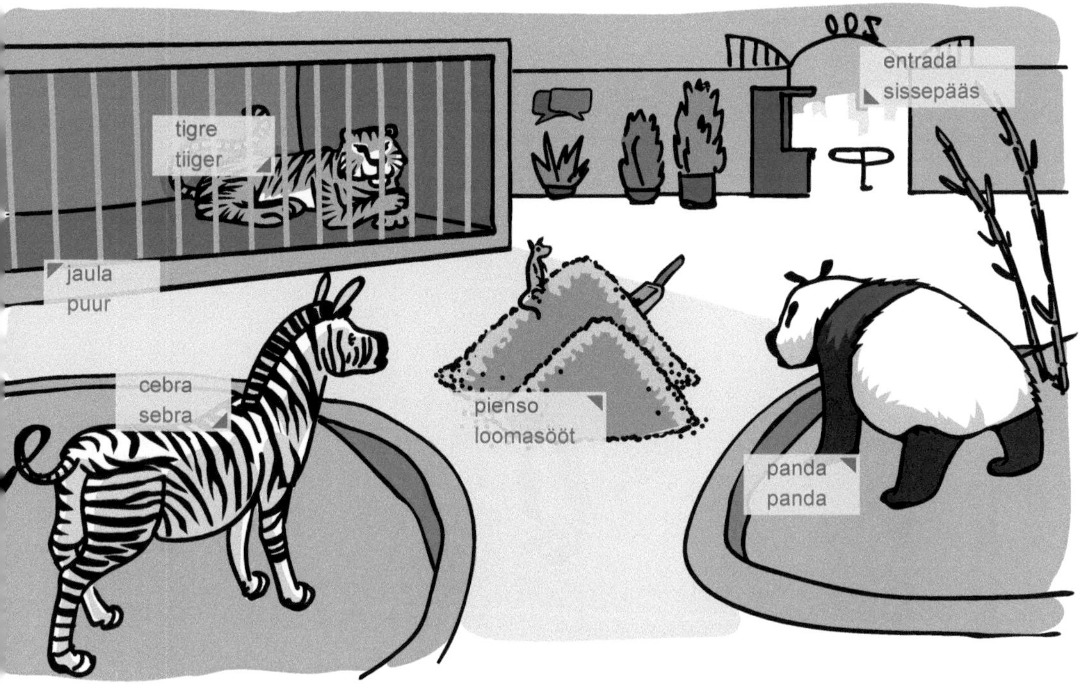
tigre
tiiger
jaula
puur
cebra
sebra
pienso
loomasööt
panda
panda
entrada
sissepääs

animales
loomad

elefante
elevant

canguro
känguru

rinoceronte
ninasarvik

gorila
gorilla

oso
karu

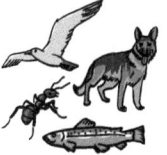

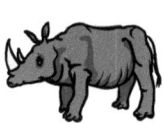

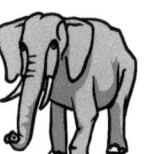

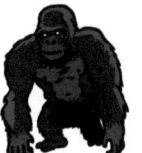

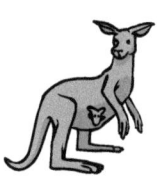

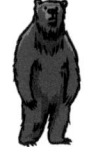

camello

kaamel

avestruz

jaanalind

león

lõvi

mono

ahv

flamingo

flamingo

loro

papagoi

oso polar

jääkaru

pingüino

pingviin

tiburón

hai

pavo real

paabulind

serpiente

madu

cocodrilo

krokodill

guardián de zoológico

loomaaiatalitaja

foca

hüljes

jaguar

jaaguar

poni
poni

leopardo
leopard

hipopótamo
jõehobu

jirafa
kaelkirjak

águila
kotkas

jabalí
metssiga

pescado
kala

tortuga
kilpkonn

morsa
morsk

zorro
rebane

gacela
gasell

fútbol americano
Ameerika jalgpall

ciclismo
jalgrattasõit

tenis
tennis

baloncesto
korvpall

natación
ujumine

boxeo
poksimine

hockey sobre hielo
jäähoki

fútbol
jalgpall

bádminton
sulgpall

atletismo
kergejõustik

balonmano
käsipall

esquí
suusatamine

polo
polo

reír
naerma

saltar
hüppama

abrazar
kallistama

caminar
jalutama

cantar
laulma

soñar
unistama

rezar
palvetama

besar
suudlema

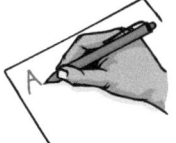

escribir
kirjutama

dibujar
joonistama

mostrar
näitama

empujar
lükkama

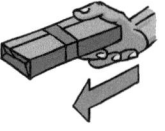

dar
andma

tomar
võtma

tener

omama

hacer

tegema

ser

olema

estar de pie

seisma

correr

jooksma

tirar

tõmbama

tirar

viskama

caer

kukkuma

yacer

lamama

esperar

ootama

llevar

kandma

estar sentado

istuma

vestirse

riidesse panema

dormir

magama

despertar

ärkama

actividades - tegevused

conductor de autobús

bussijuht

taxista

taksojuht

pescador

kalamees

señora de la limpieza

koristaja

techador

katusepaigaldaja

camarero

kelner

cazador

jahimees

pintor

maaler

panadero

pagar

electricista

elektrik

obrero

ehitaja

ingeniero

insener

carnicero

lihunik

fontanero

torumees

cartero

postiljon

mirar

vaatama

llorar

nutma

acariciar

paitama

peinar

kammima

hablar

rääkima

entender

aru saama

preguntar

küsima

escuchar

kuulama

beber

jooma

comer

sööma

ordenar

korrastama

amar

armastama

cocinar

süüa tegema

conducir

sõitma

volar

lendama

navegar
purjetama

calcular
arvutama

leer
lugema

aprender
õppima

trabajar
töötama

casarse
abielluma

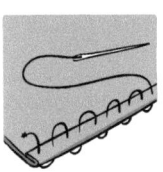

coser
õmblema

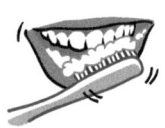

cepillarse los dientes
hambaid pesema

matar
tapma

fumar
suitsetama

enviar
saatma

familia
perekond

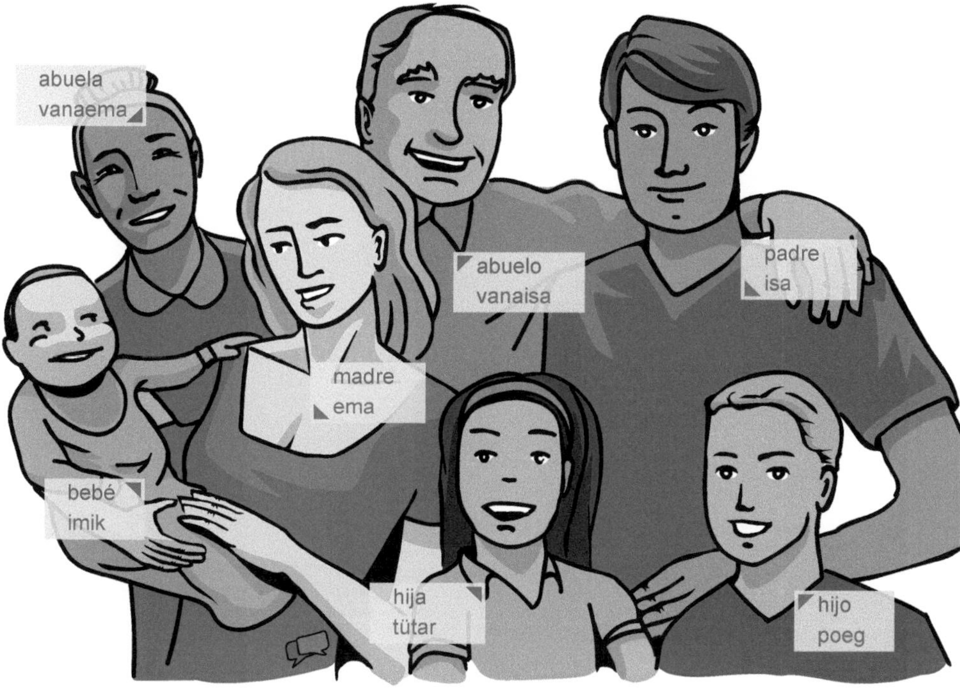
abuela
vanaema
abuelo
vanaisa
padre
isa
madre
ema
bebé
imik
hija
tütar
hijo
poeg

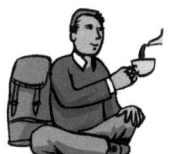

invitado

külaline

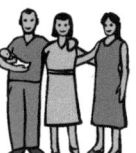

tía

tädi

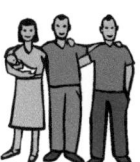

tío

onu

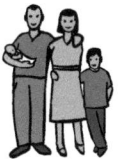

hermano

vend

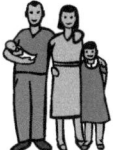

hermana

õde

cuerpo
keha

frente
otsmik
ojo
silm
hombro
õlg
dedo
sõrm
cara
nägu
barbilla
lõug
mano
käsi
pierna
jalg
pecho
rind
brazo
käsivars

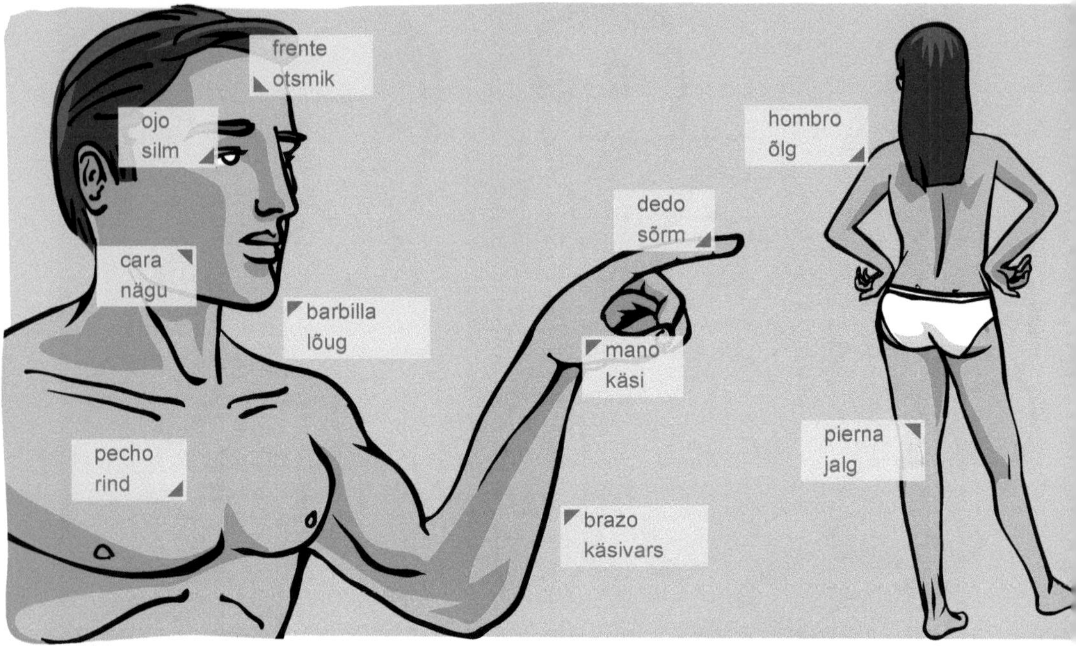

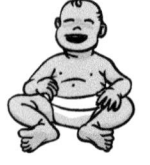

bebé

imik

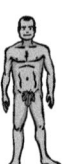

hombre

mees

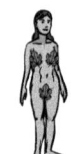

mujer

naine

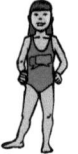

chica

tüdruk

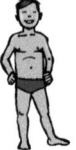

chico

poiss

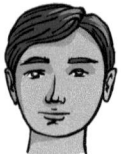

cabeza

pea

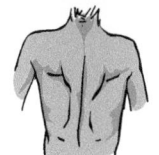

espalda
selg

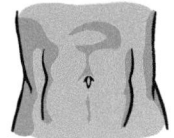

vientre
kõht

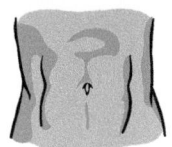

ombligo
naba

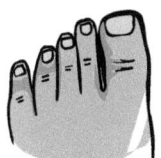

dedo del pie
varvas

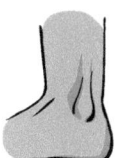

talón
kand

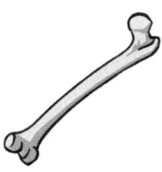

hueso
luu

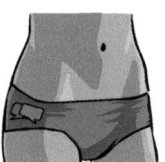

cadera
puus

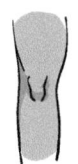

rodilla
põlv

codo
küünarnukk

nariz
nina

trasero
tagumik

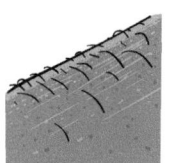

piel
nahk

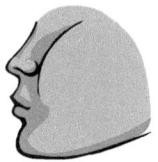

mejilla
põsk

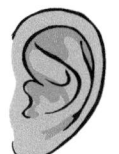

oído
kõrv

labio
huuled

cuerpo - keha

boca

suu

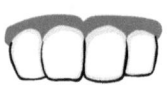

diente

hammas

lengua

keel

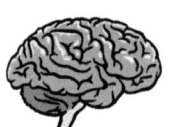

cerebro

aju

corazón

süda

músculo

lihas

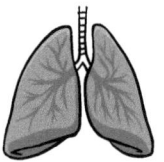

pulmón

kops

hígado

maks

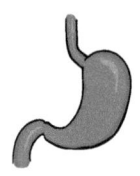

estómago

magu

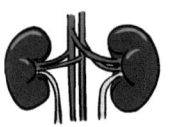

riñones

neerud

sexo

seksuaalvahekord

condón

kondoom

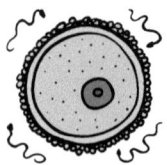

ovario

munarakk

semen

sperma

embarazo

rasedus

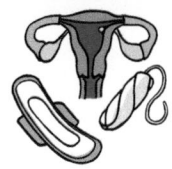

menstruación

menstruatsioon

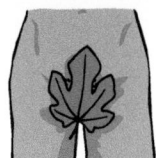

vagina

vagiina

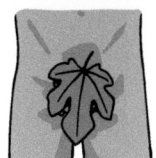

pene

peenis

ceja

kulm

pelo

juuksed

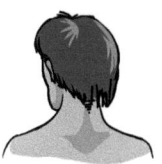

cuello

kael

hospital
haigla

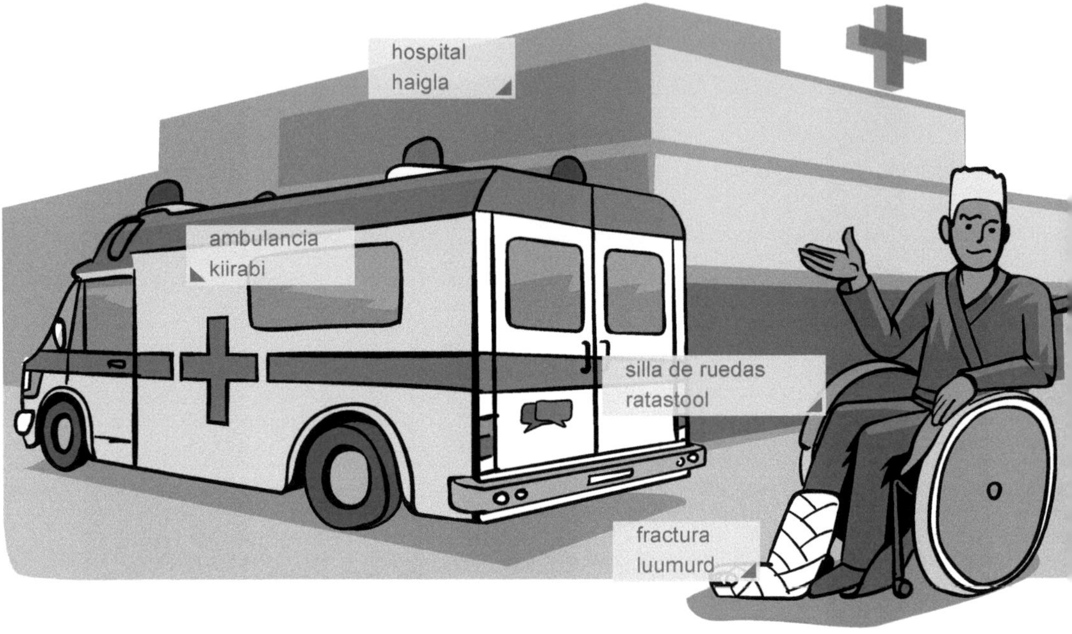

hospital
haigla
ambulancia
kiirabi
silla de ruedas
ratastool
fractura
luumurd

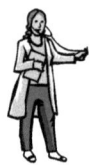

médico

arst

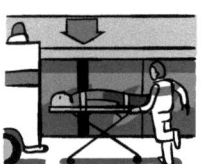

sala de urgencias

traumapunkt

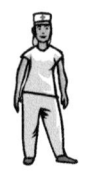

enfermera

meditsiiniõde

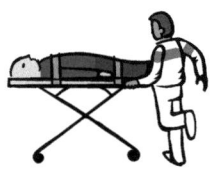

urgencia

hädaolukord

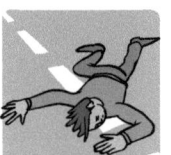

inconsciente

teadvuseta

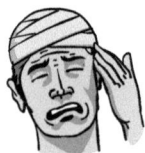

dolor

valu

lesión

vigastus

hemorragia

verejooks

infarto

südamerabandus

ictus

insult

alergia

allergia

tos

köha

fiebre

palavik

gripe

gripp

diarrea

kõhulahtisus

dolor de cabeza

peavalu

cáncer

vähk

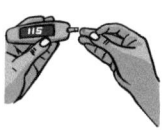

diabetes

diabeet

cirujano

kirurg

bisturí

skalpell

operación

operatsioon

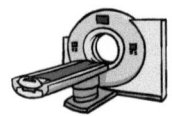

TAC
KT

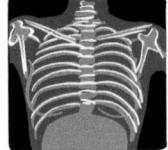

rayos x
röntgen

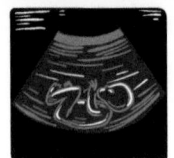

ultrasonido
ultraheli

mascarilla
mask

enfermedad
haigus

sala de espera
ooteruum

muleta
kark

tirita
kips

venda
side

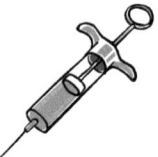

inyección
süst

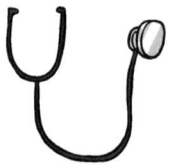

estetoscopio
stetoskoop

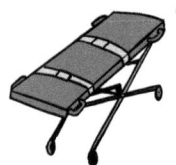

camilla
kanderaam

termómetro
kraadiklaas

nacimiento
sünd

sobrepeso
ülekaaluline

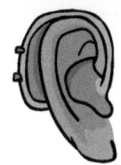

audífono

kuuldeaparaat

desinfectante

desinfektsioonivahend

infección

põletik

virus

viirus

VIH / SIDA

HIV / AIDS

medicina

meditsiin

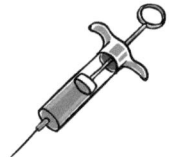

vacunación

vaktsineerimine

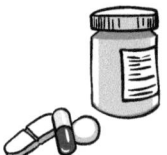

tabletas

tabletid

pastilla

pill

llamada de urgencia

hädaabikõne

tensiómetro

vererõhuaparaat

enfermo / sano

haige / terve

¡Socorro!

Appi!

alarma

häire

asalto

kallaletung

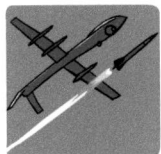

ataque

rünnak

peligro

oht

salida de emergencia

avariiväljapääs

¡Fuego!

Tulekahju!

extintor de incendios

tulekustuti

accidente

õnnetus

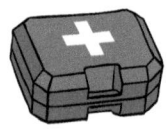

botiquín de primeros
auxilios
esmaabikomplekt

SOS

SOS

policía

politsei

Europa

Euroopa

Norteamérica

Põhja-Ameerika

Sudamérica

Lõuna-Ameerika

África

Aafrika

Asia

Aasia

Australia

Austraalia

Atlántico

Atlandi ookean

Pacífico

Vaikne ookean

Océano Índico

India ookean

Océano Antártico

Lõuna-Jäämeri

Océano Ártico

Põhja-Jäämeri

polo norte

põhjapoolus

polo sur

lõunapoolus

Antártida

Antarktika

tierra

Maa

tierra

maismaa

mar

meri

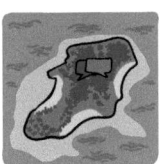

isla

saar

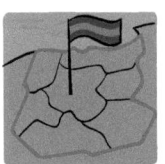

nación

rahvus

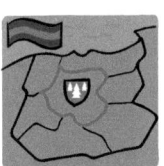

estado

riik

esfera

sihverplaat

manecilla de las horas

tunniosuti

minutero

minutiosuti

segundero

sekundiosuti

¿Qué hora es?

Mis kell on?

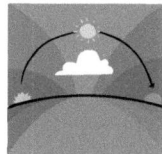

día

päev

tiempo

aeg

ahora

praegu

reloj digital

digitaalne kell

minuto

minut

hora

tund

semana
nädal

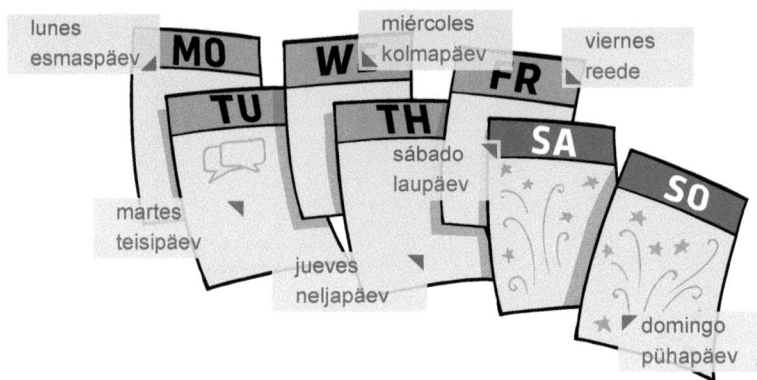

lunes
esmaspäev

miércoles
kolmapäev

viernes
reede

martes
teisipäev

sábado
laupäev

jueves
neljapäev

domingo
pühapäev

ayer

eile

hoy

täna

mañana

homme

mañana

hommik

mediodía

lõuna

tarde

õhtu

días laborables

tööpäevad

fin de semana

nädalavahetus

año
aasta

lluvia
vihm
arcoíris
vikerkaar
viento
tuul
nieve
lumi
primavera
kevad
otoño
sügis
verano
suvi
invierno
talv

4.APRIL 11°
5.APRIL 4°
6.APRIL 13°
7.APRIL 8°
8.APRIL 10°

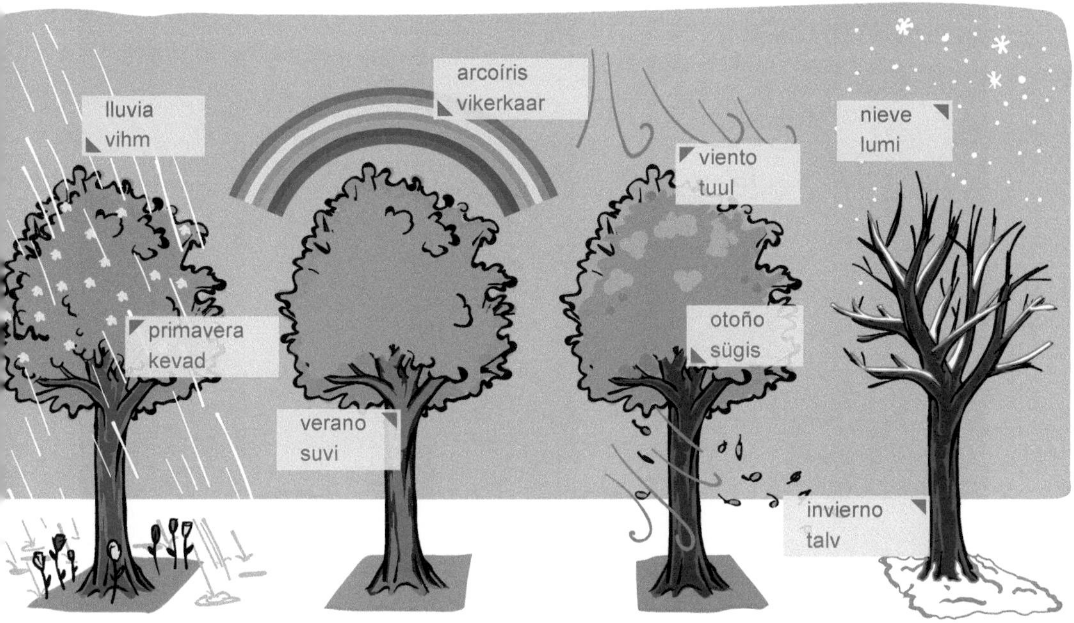

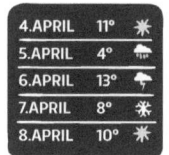

pronóstico del tiempo

ilmaennustus

F C
120 40
90 30
60 20
30 10
0 0
-30 -10
-20

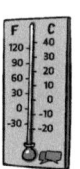

termómetro

termomeeter

sol

päikesepaiste

nube

pilv

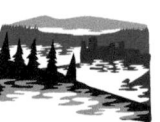

niebla

udu

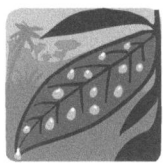

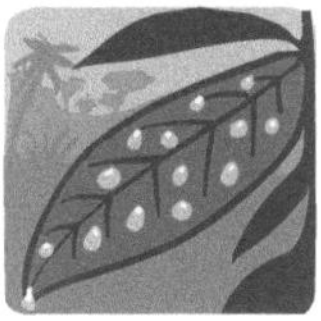

humedad

niiskus

rayo

pikne

trueno

kõu

tormenta

torm

granizo

rahe

monzón

mussoon

inundación

üleujutus

hielo

jää

enero

jaanuar

febrero

veebruar

marzo

märts

abril

aprill

mayo

mai

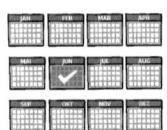

junio

juuni

julio

juuli

agosto

august

año - aasta

septiembre
september

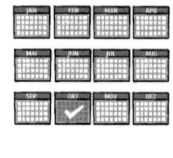

octubre
oktoober

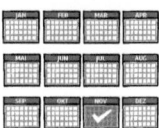

noviembre
november

diciembre
detsember

formas
kujundid

círculo
ring

cuadrado
ruut

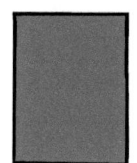

rectángulo
nelinurk

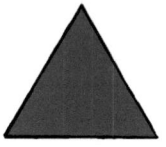

triángulo
kolmnurk

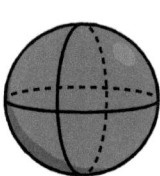

esfera
kera

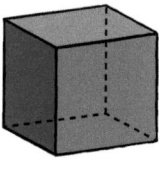

cubo
kuup

blanco
....
valge

amarillo
....
kollane

anaranjado
....
oranž

rosa
....
roosa

rojo
....
punane

morado
....
lilla

azul
....
sinine

verde
....
roheline

marrón
....
pruun

gris
....
hall

negro
....
must

mucho / poco

palju / vähe

enojado / tranquilo

vihane / rahulik

bonito / feo

ilus / inetu

principio / fin

algus / lõpp

grande / pequeño

suur / väike

claro / oscuro

hele / tume

hermano / hermana

vend / õde

limpio / sucio

puhas / must

completo / incompleto

täielik / puudulik

día / noche

päev / öö

muerto / vivo

surnud / elus

ancho / estrecho

lai / kitsas

comestible / no comestible

söödav / mittesöödav

malo / amable

kuri / sõbralik

entusiasmado / aburrido

põnevil / tüdinud

gordo / delgado

paks / peenike

primero / último

esimene / viimane

amigo / enemigo

sõber / vaenlane

lleno / vacío

täis / tühi

duro / blando

kõva / pehme

pesado / ligero

raske / kerge

hambre / sed

nälg / janu

enfermo / sano

haige / terve

ilegal / legal

ebaseaduslik / seaduslik

inteligente / tonto

tark / rumal

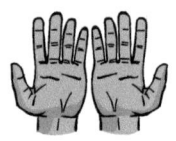

izquierda / derecha

vasak / parem

cerca / lejos

lähedal / kaugel

nuevo / usado

uus / kasutatud

nada / algo

mitte midagi / midagi

viejo / joven

vana / noor

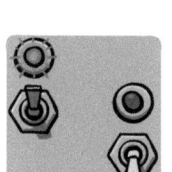

encendido / apagado

sees / väljas

abierto / cerrado

lahti / kinni

silencioso / ruidoso

vaikne / vali

rico / pobre

rikas / vaene

correcto / incorrecto

õige / vale

áspero / suave

kare / sile

triste / contento

kurb / rõõmus

corto / largo

lühike / pikk

lento / rápido

aeglane / kiire

húmedo / seco

märg / kuiv

cálido / frío

soe / jahe

guerra / paz

sõda / rahu

0

cero
null

1

uno
üks

2

dos
kaks

3

tres
kolm

4

cuatro
neli

5

cinco
viis

6

seis
kuus

7

siete
seitse

8

ocho
kaheksa

9

nueve
üheksa

10

diez
kümme

11

once
üksteist

12

doce

kaksteist

13

trece

kolmteist

14

catorce

neliteist

15

quince

viisteist

16

dieciséis

kuusteist

17

diecisiete

seitseteist

18

dieciocho

kaheksateist

19

diecinueve

üheksateist

20

veinte

kakskümmend

100

cien

sada

1.000

mil

tuhat

1.000.000

millón

miljon

inglés

inglise

inglés americano

Ameerika inglise

chino mandarín

mandariini

hindi

hindi

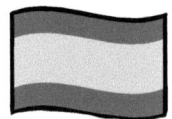

español

hispaania

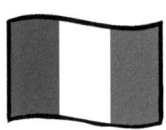

francés

prantsuse

árabe

araabia

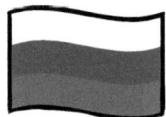

ruso

vene

portugués

portugali

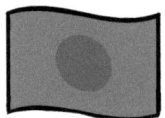

bengalí

bengali

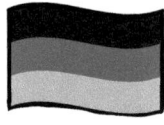

alemán

saksa

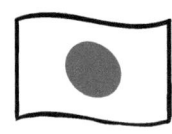

japonés

jaapani

yo

mina

tú

sina

él / ella / ello

tema

nosotros/as

meie

vosotros/as

teie

ellos/as

nemad

¿quién?

kes?

¿qué?

mis?

¿cómo?

kuidas?

¿dónde?

kus?

¿cuándo?

millal?

nombre

nimi

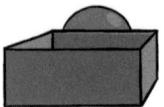

detrás

taga

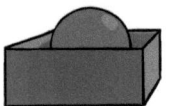

en

sees

delante de

ees

por encima de

kohal

sobre

peal

debajo de

all

junto a

kõrval

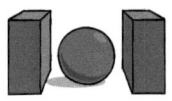

entre

vahel

lugar

koht